LE

TRAITÉ DE PARIS.

LE

TRAITÉ DE PARIS

PAR

UN ANCIEN DIPLOMATE.

PARIS,

TYPOGRAPHIE DE FIRMIN DIDOT FRERES, FILS ET Cⁱᵉ,

RUE JACOB, 56.

1856

LE

TRAITÉ DE PARIS.

I

Les négociations qui se sont terminées si heureusement par la signature du Traité de Paris ont leur point de départ dans les pourparlers ouverts à Vienne, au mois de novembre dernier, entre les trois puissances signataires du traité du 2 décembre 1854. On connaît les actes qui ont précédé ces pourparlers, et nous n'avons pas à revenir sur des événements dont l'intérêt s'efface devant l'importance des délibérations qui viennent d'avoir lieu à Paris. Mais ces délibérations ne peuvent pas être séparées de celles qui ont précédé l'envoi à Saint-Pétersbourg des propositions de l'Autriche ; et, dans l'appréciation des travaux du récent congrès, il est indispensable de reprendre la question aux communications échangées à Vienne sur les principes généraux qui ont servi de base au traité de paix.

La chute de Sébastopol, suivie de celle de Kinburn, et venant couronner les succès obtenus dans la mer d'Azoff, avait créé une situation diplomatique extrêmement favorable à une nouvelle tentative de conciliation. Les négociations, si difficiles, pour ne pas dire totalement impossibles, avant ces succès, pouvaient être reprises avec avantage à la suite d'événements qui n'avaient pas seulement pour effet de satisfaire pleinement notre amour-propre, mais qui tranchaient réellement le nœud de la question d'Orient par l'anéantissement des moyens d'agression de la Russie dans la mer Noire. Le gouvernement russe lui-même, mieux placé pour apprécier la force de ses adversaires et les chances d'une lutte plus longue, se trouvait aussi dans une position meilleure vis-à-vis du pays pour lui faire admettre la nécessité des conces-

sions, et pour sortir d'une guerre où il s'était engagé par gageure plutôt que par réflexion. Le moment était donc opportun pour les essais de pacification ; l'Autriche, qui, depuis la rupture des conférences de Vienne, attendait l'occasion de reprendre un rôle actif dans les affaires et de regagner le terrain qu'elle avait perdu, sut comprendre le parti qu'elle pouvait tirer des circonstances.

Avant de s'engager dans une négociation extrêmement importante pour lui, quel qu'en pût être le résultat, le cabinet de Vienne désirait s'éclairer lui-même sur sa propre situation par un échange préalable d'idées avec ses alliés du 2 décembre ; il tenait à pressentir leurs exigences avant de leur faire connaître jusqu'où il consentirait à marcher avec eux, et l'on assure qu'il aurait profité d'une excursion de quelques semaines, que M. de Bourqueney fit à Paris au mois d'octobre dernier, pour lui faire à ce sujet quelques confidences.

Les conditions de toute négociation étaient indiquées par les quatre points qui constituaient la substance des notes échangées à Vienne le 8 août 1854, et dont la réalisation formait l'objet du traité du 2 décembre. L'un des avantages des quatre garanties, c'était de pouvoir se restreindre ou s'étendre suivant la marche des événements. Il y avait place par conséquent aux interprétations et aux commentaires. Les négociations infructueusement ouvertes à Vienne, au mois de mars 1855, l'avaient suffisamment prouvé; et, tout en se renfermant encore une fois dans les quatre points qui répondaient si bien aux intérêts engagés dans la guerre, il était indispensable de les interpréter dans un sens qui fût en rapport avec les succès obtenus depuis trois mois dans la Baltique et la mer d'Azoff aussi bien qu'en Crimée.

Les idées du gouvernement français à cet égard étaient parfaitement arrêtées, et il n'avait pas attendu la chute de Sébastopol pour les fixer. Un des premiers soins de M. le comte Walewski, en prenant le portefeuille des affaires étrangères, avait été de faire connaître à Vienne, sur cette importante question, la pensée de sa cour. Le cabinet de Paris voulait rester fidèle à des principes qui, en formant la base du traité du 2 décembre, étaient le lien naturel des trois puissances signataires; il ne songeait nullement à affaiblir ce lien, mais il tenait en même temps à se réserver le bénéfice des événements militaires, et à étendre au besoin ses prétentions dans la mesure de ses sacrifices. Il trouva le cabinet de Londres dans des dispositions semblables, et, après une complète entente entre les deux grandes puissances occidentales, il fut déclaré à Vienne qu'elles envisageaient les quatre garanties comme le *minimum* de la paix future.

La France et l'Angleterre victorieuses ne pouvaient se contenter de l'interprétation donnée aux quatre garanties au mois de décembre 1854, dans le célèbre et malheureux *memento* tour à tour accepté et renié par le prince Gortschakoff; c'est là que résidait la difficulté, et c'est sur ce point que le cabinet de Vienne dut pressentir le gouvernement français par l'intermédiaire de M. le baron de Bourqueney.

Dans la première quinzaine de novembre, les ouvertures de l'Autriche prirent une forme officielle ; ses propositions furent parafées à Vienne le 14 par le comte Buol et le baron de Bourqueney. Pour apprécier l'accueil qu'elles reçurent à Paris et à Londres, il importe de se rappeler quelle était l'opinion des gouvernements et de l'Europe entière sur la position de la Russie. On savait cette puissance très-affaiblie par les événements de Crimée, très-inquiète des préparatifs qui se faisaient, en France comme en Angleterre, pour la prochaine campagne dans la Baltique, très-préoccupée des dispositions dont les négociations ouvertes avec la Suède étaient un symptôme; mais on ne pensait point encore que les finances russes fussent dans l'impossibilité absolue de suffire aux dépenses d'une troisième année de guerre, et les armées russes assez épuisées pour ne pas y faire face.

L'histoire elle-même des commencements de ce siècle venait à l'appui de cette opinion générale. Jamais, en apparence, la Russie n'avait été plus sérieusement menacée, jamais elle n'avait semblé plus près de sa perte que le jour où l'empereur Napoléon Ier était entré victorieux à Moscou, à la tête d'une armée couverte de gloire et disposant des forces de l'Allemagne et de l'Italie. Jamais, en réalité, le gouvernement russe n'avait été plus voisin d'une véritable grandeur politique, d'une prépondérance évidente sur le continent. Il en était resté dans l'esprit de tous les peuples de l'Europe une croyance profonde à l'invincibilité de la Russie chez elle. Elle n'avait pas brillé dans la campagne de 1853 contre les Turcs; elle avait montré, lors du siége de Silistrie, une impuissance extraordinaire dans les moyens d'agression. On se rappelait que, même lors de ses guerres antérieures avec la Turquie, et notamment dans celle de 1828, qui lui avait ouvert Andrinople, elle n'avait franchi les Balkans qu'après de pénibles efforts et avec des pertes immenses. On était donc tout prêt à reconnaître que sur l'offensive la puissance russe était très-restreinte, même en présence des Turcs; on eût volontiers ajouté que, sous ce rapport, elle avait décru depuis 1829, au lieu d'être en progrès; mais on envisageait tout autrement la force défensive de la Russie. Bien qu'à huit cents lieues de chez nous, et malgré l'infériorité relative du matériel que nous pouvions transporter à cette distance, nous eussions eu raison de la place la plus redoutable et la plus facile à défendre de tout l'empire russe, on arguait du temps même que cette opération avait exigé, des sacrifices qu'elle nous avait coûtés, pour élever des doutes sur le succès d'une campagne au cœur de la Russie. Certes, en présence de l'entrain et du talent militaires déployés à la bataille d'Alma, et du merveilleux héroïsme dont le souvenir restera éternellement attaché au nom d'Inkermann, tout le monde était d'avis que nos troupes auraient eu dans la grande guerre toutes les chances possibles de succès. Longtemps enchaînée sur quelques lieues de terrain, leur activité n'aspirait qu'à s'ouvrir un champ plus libre et plus vaste. Suivant une opinion assez accréditée, on pouvait toutefois craindre aussi que la Russie, en pareil cas, ne fît appel au système qui l'avait sauvée en 1812. On pouvait penser que, trop peu attachée encore aux bienfaits récents chez elle de la civilisation pour répugner aux procédés habituels aux nations dans l'état de nature, elle n'hésiterait pas à faire le désert entre nos armées et les siennes, et à se retirer dans les régions centrales, où elle serait protégée par les distances et le climat.

Telles sont du moins les résolutions dont l'Europe attribuait généralement la pensée à la Russie. Tel est aussi le sens des conseils que les partisans de la guerre à Saint-Pétersbourg, et surtout à Moscou, donnaient à leur pays. Il y avait tout à gagner, disaient-ils, à continuer les hostilités, quel que fût le nombre de ses ennemis, et, selon eux, la sagesse était d'accord avec le patriotisme pour recommander cette politique.

A première vue, il était donc permis de douter que la Russie fût disposée à la paix.

L'examen des propositions de l'Autriche ne pouvait que fortifier les gouvernements dans la pensée que le cabinet de Saint-Pétersbourg se prêterait difficilement à une tentative sérieuse de pacification. En effet, elles lui imposaient de rudes sacrifices, dont quelques-uns même étaient tout à fait inattendus.

On se rappelle que, dans les négociations de Vienne, la Russie, par l'organe du prince Gortschakoff, avait engagé son honneur à ne pas même accepter comme réalisation du troisième point une limitation quelconque de ses forces navales dans la mer Noire. Une dépêche circulaire de M. le comte de Nesselrode, en date du 28 avril 1855, destinée à rendre compte des motifs qui avaient fait échouer les négociations, avait sanctionné de la manière la plus formelle le langage du plénipotentiaire de la Russie à Vienne. Comment admettre, jusqu'à preuve du contraire, que le cabinet de Saint-Pétersbourg consentirait, non plus seulement à la limitation du nombre de ses vaisseaux, mais à la suppression complète de son état maritime dans la mer Noire? Comment croire, jusqu'à ce qu'il eût trompé à cet égard tous les calculs, qu'il accepterait une délimitation nouvelle qui, en lui enlevant les embouchures du Danube et Ismaïl, tout plein encore des souvenirs de Souvarow, lui ferait perdre également la frontière du Pruth, devenue célèbre par les défis qu'il avait tant de fois portés de là à l'Europe!

Quelles que pussent être à cet égard les dispositions de la Russie, le gouvernement français pensa qu'il y avait lieu d'accueillir favorablement les propositions de l'Autriche, sauf, après un examen attentif entre Paris et Londres, à suggérer à cette puissance les modifications propres à donner à ces propositions toute l'étendue et toute la portée désirables.

De la sorte, dans l'hypothèse d'une acceptation de la Russie, on serait sûr de n'être amené à négocier que sur des bases véritablement conformes au but de la guerre, et la paix qui en résulterait ne pourrait être que satisfaisante.

Dans l'hypothèse d'un refus, l'Autriche se trouvait en présence d'obligations extrêmement sérieuses envers ses alliés. Elle rompait sur-le-champ ses relations avec le cabinet de Saint-Pétersbourg; et si elle ne promettait pas encore

de prendre immédiatement les armes pour coo-
pérer à la prochaine campagne, il était de toute
évidence que, par la force des choses, elle y devait être très-prochainement amenée. Ainsi, suivant la détermination à laquelle s'arrêterait la
Russie, nous faisions une paix honorable ou
nous continuions la guerre avec un puissant
allié de plus. Le cabinet français saisit avec autant de promptitude que de netteté la portée de
cette situation.

Restait à s'entendre avec l'Angleterre sur la
suite à donner aux démarches de l'Autriche.

Dans les dispositions qui existaient entre les
deux pays, aucune divergence sérieuse ne pouvait s'élever à ce sujet. Nous ne voulons rien
exagérer, et nous convenons volontiers que
l'Angleterre était moins préparée que la France
à l'idée d'une paix prochaine. Le gouvernement
anglais avait commencé la guerre sans y être
prêt. Ayant fait de gigantesques préparatifs
pour la continuer, il pouvait éprouver quelque
difficulté à se familiariser avec des propositions
de paix, quelles qu'elles fussent. On sait d'ailleurs, par le langage que ses principaux organes
ont mainte fois tenu devant le parlement, que
l'Angleterre n'était pas sans préventions à l'é-

gard de l'Autriche. Ces préventions étaient antérieures à la crise : elles dataient des dernières révolutions, et l'on n'a pas oublié par quelles manifestations elles s'étaient traduites après la guerre de Hongrie. Elles avaient percé plus d'une fois dans le cours des négociations ouvertes pour engager l'Autriche dans la politique occidentale. Hâtons-nous toutefois de le dire, elles n'avaient jamais persisté devant les considérations majeures, devant l'intérêt de l'alliance anglo-française, toutes les fois qu'il s'était révélé clairement. Sans doute le cabinet de Londres avait montré moins d'empressement que la France à conclure un traité avec l'Autriche, il avait témoigné moins de confiance que le gouvernement français dans la valeur de ce traité ; mais enfin il s'y était prêté, et, tout en ne cachant pas, même publiquement, qu'il n'en attendait que des résultats secondaires, il n'avait jamais soutenu que l'on dût dédaigner les avantages qu'il pourrait offrir.

Si les préventions du gouvernement de Sa Majesté Britannique se retrouvèrent en présence des propositions de l'Autriche, elles ne tardèrent pas à faire place à une appréciation plus juste de la situation générale. Les raisons qu'il

croyait avoir de désirer la continuation des hostilités cédèrent elles-mêmes devant une étude
attentive des bases que les propositions de l'Autriche donnaient à la paix. Une fois cette résolution prise, le cabinet anglais mit de côté toute
hésitation et entra sans arrière-pensée dans la
voie qui s'ouvrait.

La France, pas plus que l'Angleterre, ne voulait de la paix que si elle était complétement
satisfaisante, et le cabinet de Paris, tout en pres-
sant autant que possible l'entente, afin de ne
pas donner le temps aux Russes de pénétrer la
négociation et de la déjouer, fut d'accord avec
le gouvernement anglais pour introduire dans
l'ultimatum de l'Autriche toutes les modifications de nature à en préciser et à en étendre davantage certaines clauses.

Le cabinet de Vienne, en y accédant, fit
preuve de sentiments qui ne pouvaient laisser
de doutes sur la parfaite sincérité de ses intentions. Il fut donc convenu que l'Autriche por-
terait à Saint-Pétersbourg les propositions ainsi
modifiées, et qu'elle les présenterait au cabinet
russe comme venant de son initiative personnelle.
Les deux puissances occidentales s'engageaient
à y donner leur adhésion dans le cas où elles

obtiendraient celle de la Russie. Il était entendu que l'acceptation de la Russie devrait être entière, sans réserve, et embrasser à la fois l'ensemble et les détails des propositions autrichiennes, sous peine de rupture dans un délai de trois semaines à dater de leur remise aux mains du comte Nesselrode. On ne laissait ainsi aucune place aux contre-propositions, aux faux-fuyants, et, quel que dût être le résultat, il ne pouvait manquer d'être clair. A la vérité, la cinquième clause de l'ultimatum, portant sur les conditions particulières, prêtait par son obscurité à des objections de la part du cabinet russe : quelles seraient ces conditions particulières? que cachaient-elles? D'autre part, si on les faisait connaître officiellement à la Russie, elle pouvait s'en autoriser pour rejeter tout le reste, et soulever ainsi des difficultés entre le cabinet de Vienne et ceux de Paris et de Londres. En réalité, les conditions particulières ne contenaient rien d'exorbitant; elles se réduisaient à deux : l'une demandant la neutralisation des îles d'Aland; l'autre, l'examen de l'état des territoires à l'est de la mer Noire. On trouva bon d'en donner officiellement connaissance à l'Autriche, pour qu'elle pût en indiquer la portée à la Russie, si elle le jugeait plus utile au succès de sa démarche que de les lui tenir cachées.

C'est dans ces termes que l'ultimatum de l'Autriche fut porté à Saint-Pétersbourg. Nous n'avons pas à insister sur les détails aujourd'hui bien connus de la mission du comte Valentin Esterhazy, ni sur les contre-propositions par lesquelles la Russie répondit d'abord aux communications de l'Autriche.

Mais la résolution définitive que le cabinet russe a cru devoir prendre, au moment même où l'Europe entière regardait les propositions de l'Autriche comme irrévocablement rejetées, a causé une impression trop profonde et a eu trop d'influence sur la suite des événements pour qu'il ne soit pas nécessaire de s'y arrêter un instant. L'on se demande naturellement quelle a pu être la cause déterminante d'un changement si soudain. Il n'est pas douteux aujourd'hui que la Russie n'ait souffert de la campagne de Crimée beaucoup plus que l'on n'était généralement porté à le croire en Europe. Si, comme on l'avait pensé, cette puissance pouvait continuer à se défendre en se retirant, au besoin, dans sa partie centrale, et se soustraire sur ce point à nos coups en sacrifiant ses provinces frontières, il est certain qu'elle ne le pouvait qu'en s'exposant aux plus grandes calamités et en laissant soulever des questions territoriales qui eussent été, selon toute vraisemblance, résolues à son préjudice. Si elle nous eût par cette tactique forcés à de nouveaux sacrifices, elle eût couru le risque d'en faire tous les frais. En effet, elle ne pouvait réellement attendre des circonstances aucune amélioration à sa position. Ses rapports avec ses voisins s'aggravaient au contraire chaque jour. La rupture avec l'Autriche une fois consommée, et la guerre se rapprochant des frontières de cette puissance, elle était amenée par la force des choses à tirer l'épée. La Suède venait de se lier à la France et à l'Angleterre par un traité; les hostilités devant nécessairement embrasser les provinces russes de la Baltique et probablement la Finlande, il était à présumer que le gouvernement suédois, pressé par l'opinion publique, se verrait également entraîné à prendre les armes. Enfin les États secondaires de l'Allemagne, et la Prusse elle-même, qui, sous le prestige de l'influence russe, avaient eu tant de peine à reconnaître que le cabinet de Saint-Pétersbourg faisait fausse route, ne se le dissimulaient plus et ne lui laissaient pas ignorer leur opinion. Il n'y avait donc pas à s'y méprendre. La Russie ne pouvait continuer la lutte que dans des conditions de plus en plus défavorables.

Pourquoi donc, par une obstination plus hardie que prévoyante, l'empereur Alexandre aurait-il rejeté l'occasion qui s'offrait de mettre un terme à la guerre? Il avait hérité d'une situation difficile et périlleuse : il ne l'avait pas faite; pourquoi se serait-il cru obligé d'en subir toutes les conséquences? Qui peut douter que l'empereur Nicolas lui-même, dans les derniers temps d'une vie abrégée par le regret d'avoir imprudemment compromis l'éclat de son nom, n'eût été heureux de trouver une issue honorable pour se retirer de la lutte? A la vérité, son successeur pouvait difficilement inaugurer son règne en déposant les armes sans avoir tenté aucun effort pour en soutenir l'honneur, et l'on s'explique que l'empereur Alexandre se soit montré peu empressé de conclure la paix lors des négociations de Vienne en 1855. Mais, une fois cette satisfaction donnée à l'honneur, le jeune souverain, moins personnellement engagé que son père dans les combinaisons qui avaient amené les résultats présents, était aussi plus libre pour renoncer à une politique belliqueuse et pour entrer franchement dans des voies pacifiques. Tels paraissent avoir été dans leur ensemble les motifs déterminants de la conduite de l'empereur Alexandre. Il prit d'ailleurs ce parti avec une grande résolution et une parfaite loyauté.

II

Dès le début de cette nouvelle phase de la crise, la France recueille les fruits de la ferme raison que son gouvernement venait de montrer. En même temps que l'on apprend que la Russie consent à négocier sur les bases indiquées par l'ultimatum de l'Autriche, une même pensée se fait jour à la fois dans tous les pays : c'est à Paris que sera le siége des négociations; c'est à la France que revient l'honneur d'être le lieu de réunion des plénipotentiaires des puissances; c'est à son influence qu'il convient de remettre la direction de leurs travaux! Toutes les tentatives antérieures d'arrangement et de pacification avaient eu lieu à Vienne. C'est à Vienne qu'avait été élaborée la note fameuse qui, acceptée par la Russie et repoussée par la Porte, avait un moment paru de nature à empêcher la guerre

en conciliant tous les intérêts. C'est également
à Vienne qu'avaient été signés les divers protocoles qui devaient successivement engager l'Autriche dans la politique occidentale, puis les notes du 8 août et le traité du 2 décembre 1854.
C'est là que l'on avait été naturellement amené à
négocier au mois de mars 1855.

La force des circonstances enlevait naturellement à l'Autriche la faveur dont elle avait joui
jusqu'alors. Bien qu'elle eût exercé une influence
considérable sur la résolution que le cabinet
de Saint-Pétersbourg venait de prendre, n'ayant
point participé à la guerre, elle ne pouvait pas
prétendre à diriger plus longtemps les négociations qui devaient décider de la paix. Elle l'a-
vait reconnu elle-même avant de savoir si son
ultimatum serait ou non accepté à Saint-Pétersbourg.

Il paraît toutefois que c'est à l'Angleterre
qu'appartient l'initiative officielle de la désigna-
tion de Paris comme lieu des conférences. Le
cabinet anglais, renonçant à réclamer pour lui-
même cet avantage, aurait pu demander que les
négociations s'ouvrissent en pays neutre, sur un
point quelconque, à proximité de Paris et de
Londres, à Bruxelles, par exemple. Procédant

d'après cet esprit d'émulation dans les bons procédés dont l'alliance a offert tant d'exemples, il préféra donner au gouvernement français une marque de sa confiance, en reconnaissant spontanément et sans hésiter que Paris était désigné par la situation elle-même et en proposant d'y fixer la réunion des plénipotentiaires. On sait que la Russie exprima presque simultanément la même opinion.

En voyant l'attitude habile que les plénipotentiaires russes prirent envers la France dès leur arrivée à Paris, et en se rappelant que l'Angleterre, tout en consentant à négocier, eût peut-être préféré la continuation de la guerre, quelques esprits se demandèrent s'il n'y avait pas dans cette situation une cause d'affaiblissement pour l'alliance; la sagesse du gouvernement français a su dissiper toutes les craintes.

Ainsi que dans toutes les occasions, les deux cabinets se préparèrent à aborder les négociations par une entente préalable sur les divers points qui devaient faire l'objet des délibérations du congrès. Si nous sommes bien informé, l'initiative du plan de conduite à suivre vint de la France, et il était conçu, dans ses dispositions essentielles, de manière à prouver au gouvernement de S. M. Britannique que l'on était disposé, à Paris comme à Londres, à donner aux conditions acceptées comme base des conférences toute l'extension qu'elles comportaient. En même temps, néanmoins, mesurant ses exigences sur les justes limites du raisonnable et du possible, le cabinet français ne pensait pas que l'on dût pousser à l'extrême les déductions des principes posés dans l'ultimatum de l'Autriche. Le gouvernement anglais comprit la sagesse de cette ligne de conduite, et il s'empressa de donner son adhésion aux vues de la France.

Quant à la principale partie intéressée, la Turquie, si, durant l'échange des communications auxquelles l'ultimatum avait donné lieu, elle était demeurée sur le second plan, ce fait tenait moins au peu de cas que les puissances avaient fait de ses avis qu'à l'éloignement et à la promptitude avec laquelle l'envoi de l'ultimatum à Saint-Pétersbourg avait dû s'effectuer. Elle avait été exactement tenue au courant de ces communications, et ce n'est qu'assurées de son assentiment que la France et l'Angleterre y avaient donné suite. Cet assentiment était plein et entier : la Porte avait adhéré sans réserve aux conditions que ses alliés mettaient à la paix. Ces conditions, en effet, répondaient si bien à ses intérêts qu'elle ne pouvait qu'y applaudir. Elles avaient même pour elle un avantage inespéré. Non-seulement elles désarmaient la Russie dans la mer Noire, mais elles rendaient à l'empire ottoman un territoire chèrement disputé ; elles lui rendaient les embouchures du Danube et cette citadelle d'Ismaïl, jadis le boulevard de la puissance ottomane sur le Danube, ce coin de terre devenu en quelque sorte sacré dans l'opinion des Turcs par l'héroïsme qu'ils y avaient tant de fois déployé dans leurs dernières luttes contre la Russie.

La Porte ne pouvait donc qu'être d'accord avec ses alliés sur les développements qu'ils comptaient donner aux bases de la négociation.

Ainsi les plénipotentiaires russes, en se présentant au congrès de Paris, trouvaient les puissances alliées unies sur les principes généraux de la négociation. Cette union, sans doute, ne pouvait pas empêcher les nuances d'opinion de se faire jour ; il n'y avait pas place toutefois pour les dissidences. Quelle que fût l'habileté des deux diplomates que l'empereur Alexandre envoyait à Paris, ils devaient échouer dans leurs efforts pour affaiblir les liens d'une aussi complète entente. La modération même que le gouvernement français avait proposé de mettre dans les formes était pour eux, sous un rapport, un désavantage; elle les désarmait, et ils n'avaient d'autre ressource que d'intéresser leurs adversaires par un sage esprit de conciliation.

Sur la proposition de M. le comte Walewski, son président, le Congrès résolut d'aborder de front la difficulté, en réglant avant tout autre objet la neutralisation de la mer Noire.

On se rappelle que si, à l'époque des conférences de Vienne, l'idée de la neutralisation avait été goûtée à Londres, elle fut repoussée à Vienne. Ce n'est pas, sans doute, qu'à Vienne comme à Londres on n'en comprît toute la portée; mais, à cause même de ce qu'elle présentait de décisif et de radical, comme moyen de mettre un terme à la prépondérance russe en Orient, elle ne trouvait pas les esprits préparés à l'accueillir. Quand le cabinet de Vienne en était encore à ne pas admettre d'autre limitation de la marine russe dans l'Euxin que l'effectif de cette marine avant la guerre, comment pouvait-il se familiariser avec la pensée d'une combinaison qui, sous une apparence de réciprocité entre les deux États riverains, devait faire avant tout disparaître le pavillon de guerre de la Russie de ces eaux où il était précédemment souverain ?

L'adoption du principe de la neutralité de la mer Noire par l'Autriche au nombre des conditions stipulées dans son ultimatum prouve combien les circonstances avaient changé à notre avantage.

Au reste, la Russie elle-même, qui, en 1855, n'avait pas même consenti à examiner cette combinaison, n'y faisait plus la moindre objection. Quand, au mois de décembre dernier, l'ultimatum de l'Autriche fut porté à Saint-Pétersbourg et que le cabinet russe crut devoir y répondre d'abord par des contre-propositions, ces contre-propositions impliquaient des changements assez importants relativement à la rectification des frontières en Bessarabie, et tendaient à écarter toute idée de conditions particulières en dehors des quatre points ; elles se bornaient, en ce qui regardait la neutralisation, à quelques modifications d'expression destinées à restreindre l'application du principe. Quant au principe lui-même, elles l'admettaient sans réserve. Le gouvernement russe eût désiré que, dans la stipulation relative aux bâtiments légers qu'il serait autorisé à conserver sur l'Euxin, on fît entrer en ligne de compte, non pas seulement les nécessités du service, mais aussi le besoin de la défense de ses côtes. Préoccupé, en outre, de mettre son arsenal de Nicolaïeff en dehors des places atteintes par l'interdiction de conserver ou de créer des arsenaux militaires maritimes, il eût voulu que cette interdiction fût catégoriquement restreinte au littoral proprement dit de la mer Noire. En refusant d'accepter ces contre-propositions, conformément à l'engagement qu'elle avait pris envers la France et l'Angleterre, l'Autriche avait prouvé au cabinet de Saint-Pétersbourg qu'il n'y avait pas de transaction possible sur ces points essentiels ; en adhérant définitivement au système de la neutralisation, la Russie l'admettait donc dans toute son extension et avec toutes ses conséquences.

Les puissances alliées étaient pleinement ainsi fondées à dire que la neutralisation impliquait la cessation de toute construction pour la marine militaire russe à Nicolaïeff. Elles ne pouvaient consentir en effet à ce que la Russie se réservât d'entretenir une flotte sur le Bug, affluent de la mer Noire, quand elle renonçait à avoir sur cette mer d'autres navires de guerre que les bâtiments légers nécessaires au service de ses côtes. D'autre part, c'eût été peut-être forcer la situation, et assurément rendre la conclusion de la paix beaucoup plus difficile, que d'exiger, par une stipulation positive du traité, que la Russie s'engageât à détruire de ses mains un arsenal resté en dehors du théâtre de la guerre. Mais autant il était difficile aux puissances alliées d'insister sur la destruction de Nicolaïeff, autant la Russie devait, de son côté, s'étudier à faire preuve à cet égard de bon vouloir et de désintéressement. En refusant toute concession relativement à Nicolaïeff, elle eût soulevé des défiances et permis à ses adversaires de révoquer en doute la sincérité de ses intentions; elle les eût autorisés à se montrer plus exigeants, à redoubler de précautions. N'ayant pas à contracter d'obligations positives, elle pouvait accepter des obligations morales; n'étant pas mise violemment en demeure de s'engager, elle pouvait promettre; et tout en donnant aux puissances alliées une satisfaction dont elles pouvaient se contenter, elle sauvait sa dignité. Tel est l'objet et l'effet de la déclaration du comte Orloff, insérée aux protocoles, et non moins obligatoire que les stipulations du traité, sans en avoir le caractère solennel. On ne manquera pas de remarquer d'ailleurs que cette déclaration s'applique également à la mer d'Azoff et à tous les affluents de la mer Noire.

Si l'on veut se former une idée exacte de la situation faite par la neutralisation aux parties contractantes, il importe de se rappeler que la Turquie conserve dans la mer Noire un nombre de bâtiments légers égal à celui qui est accordé à la Russie, et que le sultan demeure libre d'avoir, non-seulement dans la Méditerranée, mais dans la mer de Marmara et le Bosphore, autant de vaisseaux de guerre qu'il peut lui convenir. D'autre part, en vertu de l'article qui autorise les puissances signataires à entretenir deux bâtiments légers aux embouchures du Danube, dans l'intérêt de la libre navigation de ce fleuve, nous avons déjà nous-mêmes un effectif naval au moins équivalent en nombre et supérieur en force à l'escadrille laissée à la Russie, et, en cas de besoin, nos flottes, partant de Toulon, de Malte, de Trieste et de Gênes, peuvent en quelques jours apporter dans l'Euxin un nombre de bâtiments et de canons tel que cette seule éventualité est évidemment de nature à interdire au gouvernement russe toute pensée d'enfreindre en Orient les obligations qu'il a consenties. Non-seulement, en effet, il ne peut plus songer ni à surprendre Constantinople par un coup de main, ni à seconder, par le concours nécessaire de son pavillon, la marche de ses armées en Bulgarie, mais, à la première difficulté qu'il essayerait de soulever, il est exposé à se voir assailli par toutes les forces maritimes des puissances, sans avoir le moyen de lutter sur mer avec aucune d'elles.

Les garanties morales qu'il y avait à réclamer de la Russie auraient été insuffisantes sans les garanties matérielles que nous venons d'apprécier; il n'eût servi de rien de déposséder le cabinet de Saint-Pétersbourg de l'influence qu'il exerçait dans le sein de l'empire ottoman, si on lui eût laissé les moyens d'agression qui lui auraient permis de ressaisir cette influence à la première occasion favorable; mais les sacrifices de la France et de l'Angleterre n'eussent également produit que des résultats incomplets, si, en désarmant la Russie sur son littoral, on ne l'eût pas en même temps obligée à renoncer aux avantages que ses traités lui assuraient ou lui permettaient de réclamer au sein même de l'em-

pire ottoman. Il importait d'autant plus de tran-
cher irrévocablement cette question qu'elle avait
été la cause immédiate de la guerre.

La nature du mal indiquait le remède. L'action de la Russie sur les populations de la communion grecque sujettes du sultan est déjà ancienne. Les premiers efforts suivis et les premiers
succès de cette politique remontent à Pierre le
Grand. La décadence simultanée de l'administration ottomane, ses vices, les excès du fanatisme qui, ne trouvant plus de satisfaction dans
la conquête, se retournait contre les populations
non musulmanes de l'empire, ne secondèrent
que trop une influence naissante. D'autre part,
la France, qui, sans exercer jamais sur aucune
catégorie des sujets du sultan un protectorat lé-
gal, avait, sous ses anciens rois, été longtemps
regardée comme un appui tutélaire par tous les
chrétiens sans distinction de communion, avait
fini par négliger complétement les schismatiques
au profit des catholiques. La Russie n'avait donc
pas eu de peine à persuader à ses coreligionnaires qu'ils n'avaient de recours qu'en elle.
C'est ainsi qu'elle est parvenue à inspirer à ces
populations une si haute idée de ses sentiments.
Le succès de ses armes lui ayant permis d'intro-

duire dans le traité de Kainardji une stipulation qui l'autorisait, dans une certaine mesure, à faire entendre au sultan des représentations en faveur des églises chrétiennes, elle avait acquis de la sorte, au cœur même de l'empire ottoman, une position qui lui assurait une action véritablement incompatible avec les priviléges de la souveraineté.

Pour y remédier, non-seulement il était nécessaire d'enlever au cabinet russe tout droit d'ingérence ; il fallait dissiper les préjugés à l'aide desquels la Russie avait réussi à persuader à ses coreligionnaires qu'elle seule portait intérêt à leur sort. Il fallait surtout amener la Porte à faire des réformes assez sages et assez complètes pour mettre un terme à des griefs trop légitimes.

Avant même que les propositions de l'Autriche eussent été arrêtées, il avait été convenu entre les cabinets de Paris et de Londres, d'un côté, et la Porte, de l'autre, que l'on n'attendrait pas la conclusion de la paix pour s'entendre sur le sort des chrétiens. On y trouvait l'avantage de régler une question que la Russie avait eu jusqu'alors la prétention de débattre seule avec la Turquie sans l'Europe, on donnait aux popu lations chrétiennes une preuve manifeste de sollicitude.

Cette proposition avait été goûtée à Vienne, où les deux puissances occidentales s'en étaient ouvertes, et le baron de Prokesch, en se rendant à Constantinople comme internonce d'Autriche, emportait l'ordre d'agir en cela de concert avec M. Thouvenel et lord Redcliffe. Quand vint l'ultimatum du cabinet de Vienne, il fut stipulé que, des délibérations étant ouvertes à Constantinople pour le règlement du quatrième point, la Russie serait invitée à s'y associer à la paix.

C'est ce qui a eu lieu en effet, et le règlement dû aux avis éclairés des trois cabinets de Paris, de Londres et de Vienne, et à la décision souveraine du sultan, est tel que la Russie, les protocoles en font foi, n'a pas trouvé d'autre observation à y faire, sinon qu'il dépassait ses espérances.

On connaît aujourd'hui ce règlement si remarquable par une netteté de forme et une élévation de vues qui attestent l'influence sous laquelle il a été rédigé. Pour en bien mesurer toute la portée, il serait nécessaire de se rendre compte de l'importance et de la nouveauté imprévue des améliorations qu'il introduit dans la condition des chrétiens. Ce serait une étude immense, qui n'impliquerait pas moins que l'exposé de l'organisation administrative, politique et sociale de l'empire ottoman. Bornons-nous à constater combien nous sommes loin du *sened* que le prince Menschikoff proposait à la Porte, et combien les avantages que renferme l'acte émané de la souveraineté d'Abdul-Medjid sont supérieurs à ceux que la Russie prétendait lui arracher. Il est d'ailleurs, à ce sujet, une remarque importante à faire, et que l'on a trop perdue de vue dans la crise que les prétentions du cabinet russe ont suscitée. Quand ce cabinet réclamait que la Porte s'engageât à maintenir les priviléges accordés *ab antiquo* aux patriarches et aux communautés chrétiennes, dans l'empire ottoman, il ne demandait au fond que le maintien des plus criants abus. Loin de contribuer ainsi à sauvegarder et à améliorer la position des chrétiens, il mettait en réalité un obstacle à toute réforme. Ce sont ces antiques priviléges, reconnus au clergé grec par les anciens sultans, que l'on peut regarder comme la véritable cause de l'oppression et des souffrances des rayas. C'est à la faveur de ces priviléges que les patriar-

ches et les évêques, réunissant le pouvoir tem-
porel à leurs attributions spirituelles, magis-
trats et administrateurs en même temps que
prêtres, font depuis plusieurs siècles peser sur
les rayas des vexations de chaque instant, non
moins intolérables que des actes de fanatisme
de jour en jour plus rares. La Russie trouvait
son compte à maintenir ces abus séculaires : elle
s'assurait la reconnaissance d'un clergé puissant, et, si les souffrances des populations con-
tinuaient, la responsabilité de ces maux, re-
jetée sur les Turcs, ne faisait que rendre plus
utile en apparence la protection étrangère. Le
nouveau hatti-schérif y a porté remède, et,
n'eût-il d'autres avantages, qu'il mériterait toute
la reconnaissance des chrétiens et l'approbation
de l'Europe.

Ce hatti-schérif publié, restait encore une
question importante. En serait-il fait mention
dans le traité, et en quels termes? Le vœu de
la Porte eût été que les grandes puissances la
tinssent pour déliée à cet égard envers elles par
la communication qu'elle leur en avait faite. Le
désir de la Russie eût été, au contraire, qu'il
fût annexé au traité, ou que du moins il y fût
déclaré formellement que l'on en prenait acte.

Cette disposition aurait eu pour effet d'engager l'indépendance du sultan. La France et l'Angleterre furent d'accord pour prendre un moyen terme qui, tout en témoignant de l'intérêt qu'elles et leurs alliés portaient aux populations non musulmanes de l'empire ottoman, réservât la souveraineté du sultan. Les deux puissances n'auraient pu suivre une autre marche sans s'exposer au reproche de contradiction. Ayant fait la guerre à la Russie pour lui interdire toute ingérence dans les affaires religieuses de la Turquie, elles ont agi conformément au sage et salutaire principe qui leur avait mis les armes à la main, en stipulant que la mention faite au traité du hatti-schérif du 18 février ne pourra constituer pour personne un droit d'immixtion incompatible avec l'indépendance et la souveraineté du sultan. Il était difficile de mieux accorder l'intérêt légitime des puissances pour le sort des chrétiens de la Turquie avec les droits de la Porte. Il était impossible surtout de mieux prouver à ces populations que leur véritable appui est à Paris et à Londres, et non à Saint-Pétersbourg, et de porter un plus rude coup à l'influence russe dans l'empire ottoman.

Il y avait à atteindre cette influence sur un autre terrain, les principautés du Danube. Il convient à cet égard d'établir d'abord une distinction importante. Bien que la Servie soit comprise sous cette dénomination, et que sa position soit analogue à celle de la Moldavie et de la Valachie, elle en diffère cependant par beaucoup de côtés, géographiquement et politiquement. La Servie, placée sur la rive droite du Danube, tient si étroitement au territoire de l'empire ottoman qu'elle ne saurait en être séparée sans danger, et que le simple relâchement des liens qui l'unissent à la Porte aurait les plus graves inconvénients. Comme les deux autres principautés, celle de la rive droite possède une administration nationale, naguère garantie par les traités conclus à cet effet par la Russie et la Porte, et cette garantie exclusive ne pouvait pas plus être maintenue de ce côté du Danube que de l'autre. On ne pouvait pas non plus replacer la Servie dans la condition d'une simple province de l'empire ottoman, et la livrer aux chances de l'avenir sans aucune garantie; mais, une fois cette garantie stipulée, l'Europe n'avait plus que des vœux à faire pour la réforme de quelques-unes des institutions nationales de cette principauté, et il n'y avait là aucun motif de désaccord entre les puissances.

Il était moins facile de s'entendre sur les changements à introduire dans la constitution de la Moldavie et de la Valachie. Leur position géographique, en les isolant du reste de la Turquie d'Europe proprement dite, n'est pas pour cela moins importante pour la défense de l'empire, qu'elles peuvent, selon l'occasion, ouvrir ou fermer à l'ennemi. Depuis bientôt un siècle, elles n'ont servi que d'étapes aux armées russes en marche vers Constantinople. L'intérêt évident de l'Europe serait qu'elles pussent être un boulevard contre de nouvelles agressions. Tel était le sens du premier point, et sur le but il ne pouvait y avoir qu'une voix parmi les puissances alliées.

Pour l'atteindre, la France ne pensait pas qu'il suffît de substituer une garantie collective à la garantie exclusive de la Russie. Déjà aux conférences de Vienne, le cabinet français avait fait connaître sur ce point toute sa pensée dans un mémorandum présenté par M. le baron de Bourqueney, et qui se trouve annexé aux protocoles de ces conférences. Il demandait la réunion des deux principautés en une seule sous un gouvernement héréditaire, qui pouvait, sans que le lien

par lequel elles sont unies à la Porte fût en rien
affaibli, être confié à un prince choisi dans une
des familles souveraines en Europe. Le gouvernement français n'avait point varié sur les avantages d'une combinaison qui lui paraissait de
nature à concilier les vœux des populations
avec les intérêts de la Porte et de l'Europe. L'u-
nion des deux principautés est naturelle, disait-
il, puisque les deux provinces sont de la même
race, parlent la même langue, appartiennent au
même rite, possèdent les mêmes institutions;
elle est nécessaire pour donner au pays les éléments de force dont il a besoin, si l'on veut qu'il
serve à un degré quelconque de barrière contre
un retour agressif de l'influence russe. L'hérédité est indispensable, si l'on tient à ce que l'au-
torité suprême cesse d'être l'objet de perpétuelles
intrigues, l'appât de tant d'ambitions peu scru-
puleuses qui ont été jusqu'à ce jour le principal
instrument de la Russie dans les principautés.
Le principe de l'hérédité du pouvoir n'a rien
d'anormal, puisqu'il est en vigueur dans une
autre province de l'empire ottoman, l'Égypte,
et qu'il avait été également établi en Servie en
faveur de la dynastie de Milosch. Enfin la difficulté de trouver dans le pays les éléments d'une

dynastie nationale expliquerait suffisamment le choix d'un prince étranger.

Était-il réellement à craindre, comme la Porte et quelques-uns de ses alliés l'ont pensé, qu'une principauté fondée sur ces bases se trouvât bientôt et presque nécessairement en conflit avec la puissance suzeraine, et devînt pour elle, comme la Grèce, une source d'embarras favorables aux ennemis, de l'empire ottoman? La position des Moldo-Valaques vis-à-vis de la Porte serait bien différente de celle des Grecs. La Moldavie et la Valachie sont séparées de la Turquie par une frontière naturelle, le Danube; elles n'ont point, comme la Grèce, de nombreuses populations de leur race dans toutes les parties de l'empire ottoman, et ne sont même en contact avec les Slaves de Bulgarie et de Servie que par des intérêts matériels qui se côtoient, pour ainsi dire, sans se mêler. La nouvelle principauté n'aurait donc rien à espérer de l'affaiblissement de l'empire turc, point de frontière à étendre, pas un village à conquérir aux dépens de cet empire. Il n'est pas d'ailleurs à supposer qu'elle cherchât à rompre un lien de vassalité consacré par des traités européens, et à s'assurer une indépendance qui l'exposerait sans défense à tous les dangers du redoutable voisinage de ses anciens protecteurs. Elle tiendrait à demeurer dans ses rapports légaux avec la Porte, parce qu'ils seraient pour elle la garantie de la solidarité de ses intérêts avec ceux de l'empire ottoman, et par là avec les intérêts de l'Europe elle-même.

La combinaison que proposait le gouvernement français était donc parfaitement logique, et les objections qui y furent opposées étaient plus spécieuses que solides.

Toutefois il avait été convenu préalablement entre les puissances alliées, et avec beaucoup de raison, que la réorganisation proprement dite des principautés ne serait pas résolue directement par le Congrès. Il était indispensable de prononcer sans retard la suppression définitive du protectorat russe, de poser le principe de la garantie collective, ainsi que les bases du système de défense que les principautés pourront adopter de concert avec le sultan. Mais il était impossible de régler immédiatement les question de détail : on eût compliqué outre mesure les délibérations. D'ailleurs on manquait de l'un des éléments essentiels de la discussion, le vœu du pays, qui n'avait pas été moins soigneusement réservé que l'intérêt des puissances et celui de la Porte. Le bon sens et les convenances, la nécessité elle-même de consulter l'opinion dans les principautés, faisaient donc un devoir d'ajourner la déduction des principes qui venaient d'être posés, et de renvoyer l'organisation définitive des deux provinces à un examen ultérieur. Guidé par ces considérations, M. le comte Walewski s'est donc borné à faire connaître les vœux de son gouvernement en proposant de renvoyer à une commission qui se transportera sur les lieux mêmes l'étude et la solution préparatoire de questions que le Congrès ne pouvait aborder sans retarder indéfiniment la conclusion de la paix.

Est-il à présumer, ainsi qu'Aali-Pacha et le comte Buol l'ont affirmé dans les conférences, que les principautés repousseront l'idée d'union? Y a-t-il apparence que l'on ait moins de penchant à Jassy qu'à Bucharest pour une combinaison qui diminuerait l'importance de l'une des deux capitales au profit de l'autre? La diversité des intérêts locaux l'emporterait-elle sur la communauté des intérêts politiques? Sans doute, à envisager les choses à ce point de vue étroit, la Valachie a plus à gagner que la Moldavie à leur fusion, parce que Bucharest se trouve dans une position plus centrale et plus rapprochée du Danube. Mais qu'importe cet avantage, si, en perdant le privilége d'être la première ville d'une petite province sans force et sans importance, Jassy obtient celui d'être la seconde ville d'une grande principauté de plus de quatre millions d'âmes, occupant une place dans le système politique de l'Orient? Il n'est pas en Moldavie, nous le croyons, un seul homme intelligent et dévoué à son pays qui puisse balancer devant cette alternative, et nous ne doutons pas que l'opinion sincèrement consultée ne soit unanime, ainsi que M. le comte Walewski l'a déclaré dans le Congrès, à réclamer l'union des deux principautés.

En résumé, le Traité de Paris a consacré en ce point tous les principes essentiels. Si les questions de détail restent à résoudre, il dépend beaucoup des principautés elles-mêmes qu'elles soient résolues avantageusement pour elles; le gouvernement français a fait tout ce qu'il se devait à lui-même à leur égard, et il y a lieu de penser que, sur ce point comme sur tous les autres, le résultat définitif donnera une pleine satisfaction aux intérêts que nous avions pour but de sauvegarder.

Nous n'insisterons point sur les mesures prises pour assurer la libre navigation du Danube. La neutralisation de la mer Noire, la présence de bâtiments des puissances signataires du Traité de Paris aux embouchures du fleuve, l'institution de commissions chargées de faire les règlements de navigation nécessaires et d'en surveiller l'exécution, par-dessus tout la rectification des frontières, qui reporte celles de la Russie à plusieurs lieues au nord, sont autant de garanties qui ne peuvent plus laisser d'inquiétude sur la liberté d'une voie de communication si importante pour l'Allemagne entière.

Ainsi le Traité de Paris met à l'abri de nouvelles chances de guerre des contrées qui n'ont pas cessé, de temps immémorial, d'être en proie à toutes ses horreurs. Ces contrées bénies du Ciel, où les premiers navigateurs allaient chercher la *toison d'or* et vers lesquelles nous nous tournons nous-mêmes quand les récoltes de nos champs moins favorisés ne suffisent point à nos besoins, ces fertiles régions vont donc enfin connaître les effets d'une paix durable. Le bassin de la mer Noire cesse d'être un champ clos où deux champions inégaux en force étaient sans cesse aux prises, le plus faible à la merci du plus fort, objet perpétuel d'inquiétude pour le monde entier. Ils sont aujourd'hui désarmés l'un et l'autre sur le théâtre perpétuel de leurs luttes, et l'indépendance de celui que nous avions intérêt à défendre devenue un principe du droit public repose désormais sur de telles garanties que l'autre ne peut plus songer à y porter atteinte, à moins d'une complète perturbation dans les rapports actuels des puissances et de changements dans leurs intentions, trop contraires à leurs intérêts pour être probables.

III

La guerre n'a pas eu seulement pour résultat de rattacher étroitement l'avenir de l'empire ottoman au système fédératif de l'Europe; elle a eu sur la politique générale et sur la situation respective des puissances des effets aussi importants qu'imprévus.

Les révolutions du dernier siècle ont jeté une profonde perturbation dans les rapports internationaux et bouleversé tout le système européen. Depuis lors, en effet, aux questions d'intérêt, qui décidaient auparavant des alliances, se sont substituées des questions de principe qui, après avoir présidé aux premières coalitions, ont survécu même aux luttes de l'Empire, et établi sur le continent une sorte de concert de défiances contre nous.

Tous les gouvernements qui se sont succédé en France ont ressenti les inconvénients de cet état de choses.

La Restauration avait espéré s'y soustraire en s'appuyant sur la puissance même qui en était le principal soutien. Ce serait être injuste envers la Restauration que de ne pas reconnaître qu'elle a tiré le meilleur parti possible d'une des situations les plus difficiles où se soit jamais trouvé un gouvernement ; mais ce serait en même temps fermer les yeux à l'évidence que de ne pas voir combien cette politique a contribué à fortifier en Europe et en Orient la position déjà si grande que les événements de 1815 avaient faite à la Russie. Si l'alliance de la Restauration avec cette puissance pouvait nous être utile, elle l'était bien davantage au cabinet de Saint-Pétersbourg ; et s'il est vrai, comme on l'a dit, que le gouvernement du roi Charles X en ait attendu la récupération des provinces rhénanes, il est évident qu'en la payant de la cession de Constantinople ou même des provinces danubiennes aux Russes, nous eussions fait un marché de dupes. C'est ce qu'avait admirablement compris Napoléon à Erfurth lorsque, maître de la moitié de l'Europe et disposé à partager le monde avec la Russie, il hésitait à lui accorder même les principautés du Danube.

Le gouvernement de 1830 s'était trouvé naturellement entraîné dans des voies différentes. Tout en s'appuyant avec avantage, à ses débuts du moins, sur l'Angleterre pour dissoudre cette alliance continentale dont la révolution de 1830 avait réveillé les susceptibilités envers la France, il n'y réussit pas cependant ; il eut à lutter pendant toute sa durée contre l'hostilité systématique de la Russie et les défiances de l'Allemagne, et, au moment de sa chute, ses rapports avec l'Angleterre elle-même étaient sensiblement altérés.

La révolution de 1848 n'était pas faite pour améliorer la position de la France en Europe ; et en dernière analyse elle n'a eu, au point de vue international, d'autre résultat que de rendre la Russie utile aux gouvernements du continent, et de porter sa puissance au plus haut degré d'ascendant auquel elle eût encore atteint, en resserrant tous les liens de dépendance morale que les souverains allemands avaient contractés envers elle depuis 1815.

Une pareille situation enlevait à notre politique au dehors toute liberté, tout moyen d'action. S'il y avait en Europe moins de haines contre nous qu'en 1815, il n'y avait pas moins de mauvais vouloir. Si l'on ne redoutait plus autant nos armes, on craignait davantage nos révolutions. Nos trente ans d'efforts perdus dans de stériles discussions de parti étaient considérés au dehors comme le signe d'une irrémédiable impuissance. Nous en étions presque arrivés nous-mêmes à désespérer de nous. On se souvient encore des jugements sévères que nous portions sur les plaies de notre civilisation à l'intérieur et sur la condition précaire de nos relations avec le dehors. Il semblait qu'il n'y eût plus en Europe que deux grands gouvernements, ceux d'Angleterre et de Russie; le monde entier paraissait graviter fatalement autour d'eux; dans l'opinion de bien des gens, l'Angleterre elle-même n'était pas en voie de progrès; la domination universelle était providentiellement réservée à la Russie.

La guerre a profondément modifié cet état de choses : la France sort de cette crise avec des

alliances qui replacent respectivement les grandes puissances dans leur assiette naturelle, et
forment les éléments d'un système politique
véritablement conforme aux intérêts essentiels
de l'Europe.

L'idée d'une alliance avec l'Angleterre n'est
pas nouvelle en France. Une mutuelle estime,
fondée sur une juste appréciation de leurs mé-
rites divers, la conviction commune qu'elles ne
pourraient recommencer leurs anciennes luttes
sans s'infliger réciproquement les plus affreuses
calamités, tout contribuait à les rapprocher.
La solidarité de leurs intérêts en présence des
développements que la puissance russe a pris
depuis 1815 est d'ailleurs évidente, et seule
elle pouvait suffire pour associer étroitement
leur action. En dépit néanmoins de tant de motifs d'une bonne entente, jusqu'au début de la
crise qui vient de finir, il n'avait pas existé entre
la France et l'Angleterre d'alliance proprement
dite, et en Orient même, où tant de considérations invitaient les deux gouvernements à agir
de concert, ils avaient été un moment sur le point
d'en appeler aux armes pour vider leur diffé-
rend. Trompée sans doute par les souvenirs de
1840, la Russie avait espéré encore une fois di-

viser les deux puissances, en offrant à l'Angleterre l'appât d'une part importante dans le partage de l'empire ottoman. Non-seulement ce calcul a été déjoué, mais un concert tel que l'histoire n'en offre peut-être pas d'exemples s'est établi entre les deux pays. Lord Clarendon ne faisait qu'exprimer sans exagération une vérité incontestable lorsqu'il déclarait, il y a deux ans, devant le parlement anglais, qu'il y avait plus d'accord entre Paris et Londres qu'il n'en existait souvent entre les membres d'un même cabinet. Depuis lors l'entente est devenue une alliance formelle, les armées et les marines des deux pays ont conduit ensemble à bonne issue une formidable entreprise. Enfin la paix vient de consacrer l'œuvre de la guerre. L'alliance survit pleine et entière aux circonstances qui l'avaient formée, et on peut croire qu'ayant traversé de telles épreuves sans qu'une seule difficulté véritablement sérieuse se soit élevée entre les deux pays, elle réunit aujourd'hui toutes les conditions de la durée.

En même temps que nous prenions pour point d'appui de notre politique cette puissante et cordiale amitié d'une grande nation, il nous importait d'améliorer nos rapports avec le continent. Aussi longtemps que l'ancienne union établie en 1814 existait entre les trois cabinets du Nord, nous avions à lutter de ce côté contre de perpétuelles défiances. Cette union toutefois, qui nous avait été, en tant de circonstances, ou funeste ou nuisible, était devenue extrêmement onéreuse pour l'un des cabinets qui l'avaient formée. Elle avait produit pour l'Autriche une situation que l'intervention des Russes en Hongrie avait encore aggravée, et que les prétentions dont le prince Menschikoff fut chargé de se faire l'organe à Constantinople devaient rendre éminemment périlleuse.

Le cabinet français a su le comprendre, et, ne se rebutant pas des lenteurs propres à la politique de la cour de Vienne, il est parvenu, sinon à la faire descendre sur le champ de bataille, au moins à l'associer aussi étroitement que possible aux efforts des puissances occidentales dans les négociations.

Aujourd'hui les intérêts de l'Autriche sont tellement solidaires des nôtres qu'elle ne pourrait s'éloigner de nous sans s'exposer à un isolement dangereux. Bien que dans les apparences elle ait conservé envers la Russie certains ménagements et qu'elle ait reculé aussi longtemps

que possible devant une hostilité déclarée contre
un ancien allié, le cabinet russe, on ne saurait
le nier, est profondément irrité. L'opinion en
Russie conspire avec le gouvernement sur ce
point; et pendant que les plénipotentiaires russes
au Congrès de Paris témoignaient de leurs sentiments envers l'Autriche par une attitude qui
n'a échappé à personne, les écrivains russes en
Belgique et en Allemagne donnaient le signal
d'une polémique pleine d'amertume, de récri-
minations et de menaces contre le cabinet de
Vienne.

Le cabinet de Vienne, de son côté, instruit
par le passé, se rappelle trop bien de quel prix
il a payé les services de la Russie pour songer,
nous le croyons, à y recourir désormais; et
l'appui qu'il trouve en nous, en le rassurant sur
le danger des représailles, le rattache franchement, on n'en saurait douter, à notre politique.

N'oublions pas qu'outre ces grandes alliances
que l'on peut considérer comme la base d'un
nouveau système fédératif, nous en avons contracté d'autres qui ont aussi leur importance.
Par sa position méditerranéenne, par ses intérêts
commerciaux en Orient, le Piémont était naturellement appelé à joindre ses efforts aux nôtres

dans la question de l'indépendance et de l'intégrité de la Turquie. Son concours nous demeure acquis sur ce terrain. Cette bonne entente avec le principal État secondaire de l'Italie peut avoir pour nous d'heureux résultats en dehors de l'Orient lui-même. Si notre rôle est plutôt de modérer le Piémont que de l'encourager dans certaines espérances, nous voulons trop évidemment le bien de l'Italie, les protocoles en témoignent, pour qu'il s'aventure dans des combinaisons que nous n'approuverions pas. Si l'alliance de l'Autriche nous met en position d'agir dans la Péninsule sur la politique des gouvernements conservateurs, celle du Piémont nous permet donc d'espérer que nous saurons prévenir les exagérations libérales qui compromettraient ces réformes en faveur desquelles le Congrès de Paris a exprimé des vœux si légitimes.

Le traité conclu au mois de novembre dernier entre la France, l'Angleterre et la Suède, constitue de son côté, on se le rappelle, une alliance permanente. Il élève à l'influence de la Russie dans le Nord une barrière devant laquelle le roi de Suède s'est engagé à tenir bon, et que nous avons nous-mêmes contracté l'obligation de défendre au besoin. En même temps nous avons obtenu un autre résultat : nous avons soustrait la Suède à la politique qui la dominait depuis 1814; nous l'avons ramenée dans la voie de ses véritables traditions. Son histoire est intimement liée à celle de l'empire ottoman dans le dernier siècle, et la communauté de leurs intérêts est d'autant plus évidente que la décadence de l'un a marqué celle de l'autre. Ce lien se retrouve jusque dans la conquête presque simultanée de la Finlande et de la Bessarabie au commencement de ce siècle. La pensée de réparer la perte de la Finlande par la conquête de la Norvége, et de demander à la Russie ce que la France ne pouvait accorder sans manquer à ses devoirs envers le Danemark, allié fidèle, jeta le gouvernement suédois dans une politique contraire à ses intérêts et qui n'a jamais été populaire, parce qu'elle n'était pas nationale. Le traité du 21 novembre, sans rendre à la Suède ce qu'elle a perdu, l'assure du moins contre de nouvelles pertes de territoire et la ramène vers nous. La convention relative aux îles d'Aland, témoignage certain de notre sollicitude pour l'indépendance de la péninsule scandinave, ajoute encore, s'il est possible, à la solidité des liens contractés directement avec le cabinet de Stockholm, et tout fait espérer que ces liens, si utiles à notre politique dans le Nord, sont désormais indissolubles.

Après avoir constaté les changements que la guerre actuelle a apportés dans nos alliances, nous pourrions nous étendre sur ceux qu'elle a opérés dans les sentiments de l'Europe envers la France. Nous ne saurions nous le dissimuler, après 1815, les petits États n'étaient pas dans des dispositions plus favorables à notre égard que les grands. En Allemagne, les passions étaient arrivées à un degré violent d'animosité, et nos malheurs mêmes, en donnant une satisfaction à l'amour-propre germanique, n'avaient pas éteint les ressentiments. On n'a pas oublié avec quelle facilité les gouvernements avaient pu, en 1840, ranimer cet esprit d'hostilité dans toutes les parties de la Confédération. Bien que la guerre qui vient de finir n'ait été amenée que peu à peu par la force des choses, bien qu'à chaque phase de la crise le gouvernement français ait donné toutes les preuves possibles de sa modération, et écarté tout reproche fondé de vues ambitieuses, il est notoire qu'un grand nombre des États de la Confédération germanique n'ont pu encore une fois, au début du moins, comprimer leurs défiances envers nous. Nous pourrions rappeler les efforts faits par plusieurs pour entraver la politique de ceux qui nous étaient favorables. La sagesse et la modération du gouvernement français ont fini néanmoins par triompher de ces défiances invétérées et jusqu'alors toujours prêtes à renaître pour contrarier notre action légitime. Les deux États qui avaient le plus longtemps hésité à reconnaître combien était juste et véritablement européenne la cause pour laquelle nous nous étions armés, la Bavière et la Saxe, se sont rendues à l'évidence, et, avec une loyauté qui doit faire oublier leurs méprises antérieures, elles ont, l'une et l'autre, employé depuis tous leurs efforts à persuader à la Russie que le moment des concessions était venu. Depuis lors aussi elles n'ont perdu aucune occasion de témoigner au gouvernement français de leur sympathie pour sa politique, et les journaux notoirement inspirés par M. de Beust et par M. de Pfordten ne sont pas les moins empressés aujourd'hui à confesser la force et la magnanimité de la France.

La tâche la plus difficile était d'entraîner la Prusse dans le mouvement qui rapprochait successivement les cabinets des trois grandes puis-

sances. La Prusse s'était volontairement isolée ;
depuis les notes de Vienne, qu'elle n'avait pas
signées, elle n'avait pris part à aucune des
transactions ou des délibérations survenues
entre la France, l'Angleterre et l'Autriche. Au
sein de la Confédération, elle n'avait employé son influence qu'à entraver les démarches du cabinet de Vienne. Assurément les puissances eussent été fondées à ne pas tenir compte
du vif désir de la Prusse de rentrer dans le
concert européen. Elle alléguait, il est vrai, l'action décisive qu'elle avait exercée sur les dispositions de l'empereur Alexandre en présence de
l'ultimatum de l'Autriche ; on pouvait lui répondre que son intervention avait été purement offi-
cieuse, et qu'elle avait hautement refusé en cette
circonstance au cabinet de Vienne tout appui
officiel. Néanmoins, sur la proposition de la
France, le Congrès, après avoir d'ailleurs vidé
les questions qui impliquaient la paix ou la
guerre, a consenti à accéder au vœu de la Prusse,
et l'on ne saurait trop applaudir à une décision
qui, dans le moment où elle a été prise, ne pouvait plus avoir que des avantages pour l'œuvre
à laquelle les plénipotentiaires mettaient la
dernière main. La Prusse est donc venue à son

tour donner son adhésion aux conditions d'une paix glorieuse pour nous, et consommer la dissolution de la Sainte-Alliance.

Enfin il y a lieu de penser que les événements qui ont eu pour effet de modifier à ce point la situation générale et la position respective des puissances à notre égard n'ont pas été sans influence sur les sentiments de la Russie. En ce qui regarde l'Orient, elle a pu apprendre que ses desseins séculaires soulevaient de trop sérieuses résistances pour que l'accomplissement en fût possible. Elle ne pouvait les mener à bonne fin qu'en divisant l'Europe; or l'indépendance de Constantinople est un point sur lequel il n'y aura jamais qu'une opinion à Paris, à Londres et à Vienne, aussi longtemps qu'il y aura dans ces pays des gouvernements éclairés. L'extension des frontières de l'empire russe jusqu'au Bosphore apporterait dans les rapports internationaux une telle perturbation que, tant que la vie politique ne sera pas éteinte en France, en Angleterre et en Autriche, il se trouvera des flottes et des armées pour défendre cette clef de voûte du système territorial de l'Europe. C'est ce que les événements auxquels nous venons d'assister depuis trois ans ont dé-

montré avec une éclatante évidence. Il n'y aurait ni habileté ni sagesse de la part de la Russie
à se mettre en opposition avec ce vœu unanime
de l'Europe, ne fût-il pas consacré aujourd'hui
par des stipulations solennelles, et cette puissance a donné dans le passé trop de preuves
d'une prudence consommée pour ne pas pro-
fiter de ces leçons de l'expérience.

Il peut lui en coûter de renoncer à des desseins
traditionnels, de rompre avec les illusions
dont ses plus illustres souverains se sont bercés,
de se faire à l'idée que le chemin de Byzance
lui est fermé. Mais quelles sont les grandes nations qui n'ont pas eu leurs chimères et leurs
déceptions! Il a été dans la destinée de toutes
celles qui ont joué un rôle dans le monde d'as-
pirer tour à tour à la domination universelle, et
de se briser contre l'invincible ligue des intérêts généraux que la communauté du danger ne
manque jamais de susciter. La Russie vient d'en
faire l'essai, et, eût-elle été mieux préparée
qu'elle ne l'était pour de si vastes projets, qu'elle
devait infailliblement échouer. Nous ne doutons pas un instant qu'elle ne s'en fasse l'aveu
à elle-même, et qu'elle ne soit résolue à se
renfermer loyalement dans l'observation de

ses obligations envers l'Europe. Nous croyons également que ses dispositions en ce qui regarde la France, empreintes depuis 1815, et surtout depuis 1830, de tant de défiance, se sont heureusement modifiées dans la lutte même qui vient de lui apprendre à nous mieux connaître; nous croyons qu'elle a renoncé, comme ses anciens alliés aujourd'hui les nôtres, à cet esprit des vieilles coalitions qui, après nous avoir combattus sur les champs de bataille, nous ont encore fait durant de longues années la guerre dans les conseils de l'Europe.

Soit donc que nous envisagions les clauses du Traité de Paris, soit que nous examinions les rapports que la crise nous a permis de nouer avec les grandes puissances, la paix actuelle nous paraît offrir toutes les chances possibles de durée et assurer pour longtemps le repos du monde.

L'opinion a déjà fait la part des souverains et des gouvernements dans les efforts qui ont été nécessaires pour conduire une si grande entreprise à si bonne fin, et son jugement à cet égard honore trop notre pays pour que nous ne soyons pas heureux de le constater. En choisissant Paris pour siége des dernières négociations, nos adversaires comme nos alliés ont témoigné de la confiance que la politique personnelle de l'Empereur a su leur inspirer. L'heureux dénoûment des délibérations du Congrès a encore ajouté, s'il est possible, à la grande position que la conduite de la guerre lui avait faite; et depuis un mois la presse de tous les pays rivalise avec les cabinets dans l'expression de sa gratitude pour le prince qui a sauvé l'Europe en relevant la France.

Nous n'ajouterons qu'un mot. Dans cette longue crise, la diplomatie a fait son devoir comme l'armée. La France a montré dans les conseils un esprit de suite pour le moins égal à l'énergie militaire qu'elle a déployée dans la lutte. Sous tous les rapports, elle se trouve placée dans l'estime des cabinets à un degré où elle n'avait peut-être atteint à aucune époque. Elle a pu, à d'autres moments, être plus redoutée, causer de plus vastes ébranlements dans le monde, jeter plus d'éclat autour d'elle; jamais elle n'a été plus véritablement respectée. Une vive reconnaissance est due aux hommes qui, faisant ce généreux emploi de nos forces, nous ont appris ce que nous valons et ce que nous pouvons lorsque nous sommes gouvernés.

www.ingramcontent.com/pod-product-compliance
Lightning Source LLC
Chambersburg PA
CBHW061309060726
47596CB00002B/832